I0021938

A

Site :
www.
Login :
Mot de passe :
Mail utilisé :
Notes :

Site :
www.
Login :
Mot de passe :
Mail utilisé :
Notes :

A

Site :
www.
Login :
Mot de passe :
Mail utilisé :
Notes :

Site :
www.
Login :
Mot de passe :
Mail utilisé :
Notes :

A

Site :
www.
Login :
Mot de passe :
Mail utilisé :
Notes :

Site :
www.
Login :
Mot de passe :
Mail utilisé :
Notes :

A

Site :
www.
Login :
Mot de passe :
Mail utilisé :
Notes :

Site :
www.
Login :
Mot de passe :
Mail utilisé :
Notes :

A

Site :
www.
Login :
Mot de passe :
Mail utilisé :
Notes :

Site :
www.
Login :
Mot de passe :
Mail utilisé :
Notes :

B

Site :
www.
Login :
Mot de passe :
Mail utilisé :
Notes :

Site :
www.
Login :
Mot de passe :
Mail utilisé :
Notes :

B

Site :
www.
Login :
Mot de passe :
Mail utilisé :
Notes :

Site :
www.
Login :
Mot de passe :
Mail utilisé :
Notes :

B

Site :
www.
Login :
Mot de passe :
Mail utilisé :
Notes :

Site :
www.
Login :
Mot de passe :
Mail utilisé :
Notes :

B

Site :
www.
Login :
Mot de passe :
Mail utilisé :
Notes :

Site :
www.
Login :
Mot de passe :
Mail utilisé :
Notes :

B

Site :
www.
Login :
Mot de passe :
Mail utilisé :
Notes :

Site :
www.
Login :
Mot de passe :
Mail utilisé :
Notes :

C

Site :
www.
Login :
Mot de passe :
Mail utilisé :
Notes :

Site :
www.
Login :
Mot de passe :
Mail utilisé :
Notes :

C

Site :
www.
Login :
Mot de passe :
Mail utilisé :
Notes :

Site :
www.
Login :
Mot de passe :
Mail utilisé :
Notes :

C

Site :
www.
Login :
Mot de passe :
Mail utilisé :
Notes :

Site :
www.
Login :
Mot de passe :
Mail utilisé :
Notes :

C

Site :
www.
Login :
Mot de passe :
Mail utilisé :
Notes :

Site :
www.
Login :
Mot de passe :
Mail utilisé :
Notes :

C

Site :
www.
Login :
Mot de passe :
Mail utilisé :
Notes :

Site :
www.
Login :
Mot de passe :
Mail utilisé :
Notes :

D

Site :
www.
Login :
Mot de passe :
Mail utilisé :
Notes :

Site :
www.
Login :
Mot de passe :
Mail utilisé :
Notes :

D

Site :
www.
Login :
Mot de passe :
Mail utilisé :
Notes :

Site :
www.
Login :
Mot de passe :
Mail utilisé :
Notes :

D

Site :
www.
Login :
Mot de passe :
Mail utilisé :
Notes :

Site :
www.
Login :
Mot de passe :
Mail utilisé :
Notes :

D

Site :	
www.	
Login :	
Mot de passe :	
Mail utilisé :	
Notes :	

Site :	
www.	
Login :	
Mot de passe :	
Mail utilisé :	
Notes :	

D

Site :
www.
Login :
Mot de passe :
Mail utilisé :
Notes :

Site :
www.
Login :
Mot de passe :
Mail utilisé :
Notes :

E

Site :
www.
Login :
Mot de passe :
Mail utilisé :
Notes :

Site :
www.
Login :
Mot de passe :
Mail utilisé :
Notes :

E

Site :
www.
Login :
Mot de passe :
Mail utilisé :
Notes :

Site :
www.
Login :
Mot de passe :
Mail utilisé :
Notes :

E

Site :
www.
Login :
Mot de passe :
Mail utilisé :
Notes :

Site :
www.
Login :
Mot de passe :
Mail utilisé :
Notes :

E

Site :
www.
Login :
Mot de passe :
Mail utilisé :
Notes :

Site :
www.
Login :
Mot de passe :
Mail utilisé :
Notes :

E

Site :
www.
Login :
Mot de passe :
Mail utilisé :
Notes :

Site :
www.
Login :
Mot de passe :
Mail utilisé :
Notes :

F

Site :

www.

Login :

Mot de passe :

Mail utilisé :

Notes :

Site :

www.

Login :

Mot de passe :

Mail utilisé :

Notes :

F

Site :
www.
Login :
Mot de passe :
Mail utilisé :
Notes :

Site :
www.
Login :
Mot de passe :
Mail utilisé :
Notes :

F

Site :
www.
Login :
Mot de passe :
Mail utilisé :
Notes :

Site :
www.
Login :
Mot de passe :
Mail utilisé :
Notes :

F

Site :
www.
Login :
Mot de passe :
Mail utilisé :
Notes :

Site :
www.
Login :
Mot de passe :
Mail utilisé :
Notes :

F

Site :
www.
Login :
Mot de passe :
Mail utilisé :
Notes :

Site :
www.
Login :
Mot de passe :
Mail utilisé :
Notes :

G

Site :
www.
Login :
Mot de passe :
Mail utilisé :
Notes :

Site :
www.
Login :
Mot de passe :
Mail utilisé :
Notes :

G

Site :
www.
Login :
Mot de passe :
Mail utilisé :
Notes :

Site :
www.
Login :
Mot de passe :
Mail utilisé :
Notes :

G

Site :
www.
Login :
Mot de passe :
Mail utilisé :
Notes :

Site :
www.
Login :
Mot de passe :
Mail utilisé :
Notes :

G

Site :
www.
Login :
Mot de passe :
Mail utilisé :
Notes :

Site :
www.
Login :
Mot de passe :
Mail utilisé :
Notes :

G

Site :
www.
Login :
Mot de passe :
Mail utilisé :
Notes :

Site :
www.
Login :
Mot de passe :
Mail utilisé :
Notes :

H

Site :
www.
Login :
Mot de passe :
Mail utilisé :
Notes :

Site :
www.
Login :
Mot de passe :
Mail utilisé :
Notes :

H

Site :
www.
Login :
Mot de passe :
Mail utilisé :
Notes :

Site :
www.
Login :
Mot de passe :
Mail utilisé :
Notes :

H

Site :

www.

Login :

Mot de passe :

Mail utilisé :

Notes :

Site :

www.

Login :

Mot de passe :

Mail utilisé :

Notes :

H

Site :

www.

Login :

Mot de passe :

Mail utilisé :

Notes :

Site :

www.

Login :

Mot de passe :

Mail utilisé :

Notes :

H

Site :
www.
Login :
Mot de passe :
Mail utilisé :
Notes :

Site :
www.
Login :
Mot de passe :
Mail utilisé :
Notes :

I / J

Site :
www.
Login :
Mot de passe :
Mail utilisé :
Notes :

Site :
www.
Login :
Mot de passe :
Mail utilisé :
Notes :

I / J

Site :
www.
Login :
Mot de passe :
Mail utilisé :
Notes :

Site :
www.
Login :
Mot de passe :
Mail utilisé :
Notes :

I / J

Site :
www.
Login :
Mot de passe :
Mail utilisé :
Notes :

Site :
www.
Login :
Mot de passe :
Mail utilisé :
Notes :

I / J

Site :
www.
Login :
Mot de passe :
Mail utilisé :
Notes :

Site :
www.
Login :
Mot de passe :
Mail utilisé :
Notes :

I/J

Site :
www.
Login :
Mot de passe :
Mail utilisé :
Notes :

Site :
www.
Login :
Mot de passe :
Mail utilisé :
Notes :

K

Site :

www.

Login :

Mot de passe :

Mail utilisé :

Notes :

Site :

www.

Login :

Mot de passe :

Mail utilisé :

Notes :

K

Site :
www.
Login :
Mot de passe :
Mail utilisé :
Notes :

Site :
www.
Login :
Mot de passe :
Mail utilisé :
Notes :

K

Site :
www.
Login :
Mot de passe :
Mail utilisé :
Notes :

Site :
www.
Login :
Mot de passe :
Mail utilisé :
Notes :

K

Site :
www.
Login :
Mot de passe :
Mail utilisé :
Notes :

Site :
www.
Login :
Mot de passe :
Mail utilisé :
Notes :

K

Site :
www.
Login :
Mot de passe :
Mail utilisé :
Notes :

Site :
www.
Login :
Mot de passe :
Mail utilisé :
Notes :

L

Site :
www.
Login :
Mot de passe :
Mail utilisé :
Notes :

Site :
www.
Login :
Mot de passe :
Mail utilisé :
Notes :

L

Site :
www.
Login :
Mot de passe :
Mail utilisé :
Notes :

Site :
www.
Login :
Mot de passe :
Mail utilisé :
Notes :

L

Site :
www.
Login :
Mot de passe :
Mail utilisé :
Notes :

Site :
www.
Login :
Mot de passe :
Mail utilisé :
Notes :

L

Site :
www.
Login :
Mot de passe :
Mail utilisé :
Notes :

Site :
www.
Login :
Mot de passe :
Mail utilisé :
Notes :

L

Site :
www.
Login :
Mot de passe :
Mail utilisé :
Notes :

Site :
www.
Login :
Mot de passe :
Mail utilisé :
Notes :

M

Site :
www.
Login :
Mot de passe :
Mail utilisé :
Notes :

Site :
www.
Login :
Mot de passe :
Mail utilisé :
Notes :

M

Site :
www.
Login :
Mot de passe :
Mail utilisé :
Notes :

Site :
www.
Login :
Mot de passe :
Mail utilisé :
Notes :

M

| Site : |
| www. |
| Login : |
| Mot de passe : |
| Mail utilisé : |
| Notes : |

| Site : |
| www. |
| Login : |
| Mot de passe : |
| Mail utilisé : |
| Notes : |

M

Site :
www.
Login :
Mot de passe :
Mail utilisé :
Notes :

Site :
www.
Login :
Mot de passe :
Mail utilisé :
Notes :

M

Site :
www.
Login :
Mot de passe :
Mail utilisé :
Notes :

Site :
www.
Login :
Mot de passe :
Mail utilisé :
Notes :

N

Site :
www.
Login :
Mot de passe :
Mail utilisé :
Notes :

Site :
www.
Login :
Mot de passe :
Mail utilisé :
Notes :

N

Site :
www.
Login :
Mot de passe :
Mail utilisé :
Notes :

Site :
www.
Login :
Mot de passe :
Mail utilisé :
Notes :

N

Site :
www.
Login :
Mot de passe :
Mail utilisé :
Notes :

Site :
www.
Login :
Mot de passe :
Mail utilisé :
Notes :

N

Site :
www.
Login :
Mot de passe :
Mail utilisé :
Notes :

Site :
www.
Login :
Mot de passe :
Mail utilisé :
Notes :

N

Site :
www.
Login :
Mot de passe :
Mail utilisé :
Notes :

Site :
www.
Login :
Mot de passe :
Mail utilisé :
Notes :

Site :
www.
Login :
Mot de passe :
Mail utilisé :
Notes :

Site :
www.
Login :
Mot de passe :
Mail utilisé :
Notes :

Site :
www.
Login :
Mot de passe :
Mail utilisé :
Notes :

Site :
www.
Login :
Mot de passe :
Mail utilisé :
Notes :

Site :
www.
Login :
Mot de passe :
Mail utilisé :
Notes :

Site :
www.
Login :
Mot de passe :
Mail utilisé :
Notes :

Site :

www.

Login :

Mot de passe :

Mail utilisé :

Notes :

Site :

www.

Login :

Mot de passe :

Mail utilisé :

Notes :

Site :
www.
Login :
Mot de passe :
Mail utilisé :
Notes :

Site :
www.
Login :
Mot de passe :
Mail utilisé :
Notes :

P

Site :
www.
Login :
Mot de passe :
Mail utilisé :
Notes :

Site :
www.
Login :
Mot de passe :
Mail utilisé :
Notes :

P

Site :
www.
Login :
Mot de passe :
Mail utilisé :
Notes :

Site :
www.
Login :
Mot de passe :
Mail utilisé :
Notes :

P

Site :
www.
Login :
Mot de passe :
Mail utilisé :
Notes :

Site :
www.
Login :
Mot de passe :
Mail utilisé :
Notes :

P

Site :
www.
Login :
Mot de passe :
Mail utilisé :
Notes :

Site :
www.
Login :
Mot de passe :
Mail utilisé :
Notes :

P

Site :
www.
Login :
Mot de passe :
Mail utilisé :
Notes :

Site :
www.
Login :
Mot de passe :
Mail utilisé :
Notes :

Site :
www.
Login :
Mot de passe :
Mail utilisé :
Notes :

Site :
www.
Login :
Mot de passe :
Mail utilisé :
Notes :

Site :

www.

Login :

Mot de passe :

Mail utilisé :

Notes :

Site :

www.

Login :

Mot de passe :

Mail utilisé :

Notes :

Q

Site :
www.
Login :
Mot de passe :
Mail utilisé :
Notes :

Site :
www.
Login :
Mot de passe :
Mail utilisé :
Notes :

Q

Site :
www.
Login :
Mot de passe :
Mail utilisé :
Notes :

Site :
www.
Login :
Mot de passe :
Mail utilisé :
Notes :

Q

Site :
www.
Login :
Mot de passe :
Mail utilisé :
Notes :

Site :
www.
Login :
Mot de passe :
Mail utilisé :
Notes :

R

Site :
www.
Login :
Mot de passe :
Mail utilisé :
Notes :

Site :
www.
Login :
Mot de passe :
Mail utilisé :
Notes :

R

Site :

www.

Login :

Mot de passe :

Mail utilisé :

Notes :

Site :

www.

Login :

Mot de passe :

Mail utilisé :

Notes :

R

Site :
www.
Login :
Mot de passe :
Mail utilisé :
Notes :

Site :
www.
Login :
Mot de passe :
Mail utilisé :
Notes :

R

Site :
www.
Login :
Mot de passe :
Mail utilisé :
Notes :

Site :
www.
Login :
Mot de passe :
Mail utilisé :
Notes :

R

Site :
www.
Login :
Mot de passe :
Mail utilisé :
Notes :

Site :
www.
Login :
Mot de passe :
Mail utilisé :
Notes :

S

Site :

www.

Login :

Mot de passe :

Mail utilisé :

Notes :

Site :

www.

Login :

Mot de passe :

Mail utilisé :

Notes :

S

Site :
www.
Login :
Mot de passe :
Mail utilisé :
Notes :

Site :
www.
Login :
Mot de passe :
Mail utilisé :
Notes :

S

Site :
www.
Login :
Mot de passe :
Mail utilisé :
Notes :

Site :
www.
Login :
Mot de passe :
Mail utilisé :
Notes :

S

Site :
www.
Login :
Mot de passe :
Mail utilisé :
Notes :

Site :
www.
Login :
Mot de passe :
Mail utilisé :
Notes :

S

Site :
www.
Login :
Mot de passe :
Mail utilisé :
Notes :

Site :
www.
Login :
Mot de passe :
Mail utilisé :
Notes :

T

Site :
www.
Login :
Mot de passe :
Mail utilisé :
Notes :

Site :
www.
Login :
Mot de passe :
Mail utilisé :
Notes :

T

Site :
www.
Login :
Mot de passe :
Mail utilisé :
Notes :

Site :
www.
Login :
Mot de passe :
Mail utilisé :
Notes :

T

Site :
www.
Login :
Mot de passe :
Mail utilisé :
Notes :

Site :
www.
Login :
Mot de passe :
Mail utilisé :
Notes :

T

Site :	
www.	
Login :	
Mot de passe :	
Mail utilisé :	
Notes :	

Site :	
www.	
Login :	
Mot de passe :	
Mail utilisé :	
Notes :	

T

Site :
www.
Login :
Mot de passe :
Mail utilisé :
Notes :

Site :
www.
Login :
Mot de passe :
Mail utilisé :
Notes :

U

Site :
www.
Login :
Mot de passe :
Mail utilisé :
Notes :

Site :
www.
Login :
Mot de passe :
Mail utilisé :
Notes :

U

Site :
www.
Login :
Mot de passe :
Mail utilisé :
Notes :

Site :
www.
Login :
Mot de passe :
Mail utilisé :
Notes :

U

Site :
www.
Login :
Mot de passe :
Mail utilisé :
Notes :

Site :
www.
Login :
Mot de passe :
Mail utilisé :
Notes :

U

Site :
www.
Login :
Mot de passe :
Mail utilisé :
Notes :

Site :
www.
Login :
Mot de passe :
Mail utilisé :
Notes :

U

Site :
www.
Login :
Mot de passe :
Mail utilisé :
Notes :

Site :
www.
Login :
Mot de passe :
Mail utilisé :
Notes :

V/W

Site :

www.

Login :

Mot de passe :

Mail utilisé :

Notes :

Site :

www.

Login :

Mot de passe :

Mail utilisé :

Notes :

V/W

Site :
www.
Login :
Mot de passe :
Mail utilisé :
Notes :

Site :
www.
Login :
Mot de passe :
Mail utilisé :
Notes :

V/W

Site :
www.
Login :
Mot de passe :
Mail utilisé :
Notes :

Site :
www.
Login :
Mot de passe :
Mail utilisé :
Notes :

V/W

Site :
www.
Login :
Mot de passe :
Mail utilisé :
Notes :

Site :
www.
Login :
Mot de passe :
Mail utilisé :
Notes :

V/W

Site :
www.
Login :
Mot de passe :
Mail utilisé :
Notes :

Site :
www.
Login :
Mot de passe :
Mail utilisé :
Notes :

X / Y / Z

Site :
www.
Login :
Mot de passe :
Mail utilisé :
Notes :

Site :
www.
Login :
Mot de passe :
Mail utilisé :
Notes :

X/Y/Z

Site :
www.
Login :
Mot de passe :
Mail utilisé :
Notes :

Site :
www.
Login :
Mot de passe :
Mail utilisé :
Notes :

X/Y/Z

Site :
www.
Login :
Mot de passe :
Mail utilisé :
Notes :

Site :
www.
Login :
Mot de passe :
Mail utilisé :
Notes :

X/Y/Z

Site :
www.
Login :
Mot de passe :
Mail utilisé :
Notes :

Site :
www.
Login :
Mot de passe :
Mail utilisé :
Notes :

X / Y / Z

Site :
www.
Login :
Mot de passe :
Mail utilisé :
Notes :

Site :
www.
Login :
Mot de passe :
Mail utilisé :
Notes :